NOTICE BIOGRAPHIQUE

SUR

MONSEIGNEUR SIBOUR

ÉVÊQUE DE TRIPOLI

PAR M. L'ABBÉ DEDOUE

Chanoine de l'Église de Paris.

PARIS

E. REPOS, LIBRAIRE - ÉDITEUR

de Livres liturgiques de Chant romain, de la Revue
et du Répertoire de Musique sacrée,

70, RUE BONAPARTE, 70

1865

MONSEIGNEUR SIBOUR

ÉVÊQUE DE TRIPOLI

Versailles, imp. BEAU jeune, rue de l'Orangerie, 36.

MONSEIGNEUR SIBOUR

ÉVÊQUE DE TRIPOLI

PARIS

E. REPOS, LIBRAIRE-ÉDITEUR

70, RUE BONAPARTE, 70

1865

MONSEIGNEUR SIBOUR

ÉVÊQUE DE TRIPOLI.

Mgr Léon-François Sibour, évêque *in partibus* de Tripoli, en Syrie, que la mort vient de nous enlever, et pour lequel un service solennel a été célébré, le mercredi 7 décembre, à Notre-Dame de Paris, était né à Istres (Bouches-du-Rhône), le 8 février 1807. Il n'avait donc pas encore cinquante-huit ans révolus.

Cette carrière, si tristement brisée, se divise en deux parties bien distinctes : la première, douce, heureuse, brillante ; la seconde, remplie des plus grandes épreuves que l'homme puisse traverser ici-bas, mais sanctifiée par une force, par une patience, par une résignation plus grandes encore, et couronnée d'une sainte mort. Nous osons venir les remettre sous les yeux de ceux qui, comme nous, ont pu les voir de près, aussi bien que de ceux qui ne les connaissent qu'imparfaitement.

Après nous être quelques jours renfermé dans le silence de la prière et de notre douleur, douleur qui s'ajoute pour nous à une autre que le temps est loin d'avoir calmée et qui ne s'éteindra qu'avec notre dernier souffle, c'est un besoin aujourd'hui pour notre cœur de s'épancher et de payer aussi son tribut de regrets et d'affection au vénérable prélat que nous venons de perdre.

Plusieurs voix amies se sont déjà élevées autour de ce cercueil. Nous sommes encore tout ému des nobles et éloquentes paroles qu'y ont fait entendre NN. SS. de Fréjus et d'Aix, et, tout à l'heure, notre digne archevêque... Mais qui s'étonnera que nous nous fassions un pieux devoir d'en redire quelques échos et d'y mêler nos propres souvenirs?

C'est au plus beau temps de sa vie et de la mienne qu'il me fut donné de connaître celui qui est aujourd'hui l'objet de notre deuil et de nos larmes. Nous étions presque du même âge. Il avait débuté par la position où j'entrais moi-même. Il y avait acquis une grande expérience, une juste réputation. Il se fit mon guide, mon ami; je lui vouai à mon tour un de ces attachements qui sont le bonheur ou le deuil de toute une vie. Notre affection était d'autant plus profonde qu'elle s'identifiait et se confondait avec celle que nous portions tous deux au généreux et bien-aimé Pontife auquel tous deux nous voulions consacrer notre existence. Vingt-quatre de nos années se sont écoulées à côté l'un de l'autre, partageant les mêmes pensées et les mêmes désirs, les mêmes craintes et les mêmes espérances, les mêmes joies, les mêmes satisfactions, comme, hélas! les mêmes infortunes et les mêmes douleurs... Pourquoi faut-il que je reste seul à pleurer sur un double tombeau? Jonathas! Jonathas! pourquoi, toi, aussi, n'es-tu plus? *Mon âme était vraiment collée à ton âme. Je t'aimais comme ma vie.* Nos deux cœurs ne faisaient qu'un cœur!... Que j'aie du moins la consolation, douce et amère à la fois, de me nourrir de ces chères mémoires, et de les faire de plus en plus connaître et honorer.

I.

Le jeune Sibour donna de très-bonne heure des signes de vocation à l'état ecclésiastique. Ses parents lui firent commencer ses études classiques à Salon, chez M. l'abbé Thurles, curé de la paroisse. Il vint les terminer, et les terminer avec éclat, au petit séminaire d'Aix, nouvellement ouvert par un prêtre zélé et plein de dévouement, M. le chanoine Abel. Au grand séminaire, ses succès ne furent pas moindres (1). Il y développa de si heureuses, de si admirables dispositions, il s'y fit remarquer par tant de facilité dans le travail, tant de promptitude à concevoir et à rendre ses idées ; tant d'aménité de caractère et un esprit si délié, si juste, si net et si pratique tout ensemble, que Mgr de Beausset Roquefort, alors archevêque de l'antique métropole, le choisit pour secrétaire, avant même que le jeune abbé fût dans les ordres sacrés. Qu'on joigne à cela les avantages extérieurs que lui avait prodigués la Providence : une taille élevée, une figure ouverte, intelligente et d'une inexprimable douceur, des manières simples, naturelles, mais distinguées, et l'on comprendra aisément l'impression qu'il produisait partout autour de lui. Il reçut le sous-diaconat des mains de Mgr de Richéry, le 5 juin 1830, et de Mgr Raillon, successeur de Mgr de Richéry, le diaconat le 7 décembre 1831, et la prêtrise le 23 décembre 1832. Ces deux éminents prélats, et plus tard Mgr le cardinal Bernet, non-seulement continuèrent à l'honorer de toute leur confiance, mais lui témoignèrent encore une estime

(1) Sous le respectable M. Dalga, de la Société de Saint-Sulpice, qui a laissé, dans tout le diocèse d'Aix, une mémoire vénérée.

et une affection auxquelles il répondit par un dévouement et une reconnaissance qui ne se sont jamais démentis.

M. l'abbé Sibour devint rapidement secrétaire général de l'archevêché, chanoine de la cathédrale et promoteur de l'officialité d'Aix. A ces divers titres, il eut une très-large part à l'administration diocésaine, et s'y fit aimer autant qu'estimer. La nature semblait l'avoir formé tout exprès pour les affaires. Il y porta une aptitude qu'on trouve rarement au même degré. Aucune n'était au-dessus ni au-dessous de sa capacité. Il les devinait plutôt qu'il ne les apprenait. Il voyait d'un coup d'œil par quel côté il fallait les saisir, les exposer, les résoudre. Les délicates, il les touchait d'une main prudente et légère. Les difficiles, il les tournait, les dénouait avec dextérité, plus souvent qu'il ne les tranchait. Les obscures, il y portait l'ordre et la lumière. Le travail des bureaux était un repos pour sa pensée et une diversion au lieu d'une fatigue.

Des occupations si assujettissantes et si multipliées auraient absorbé et usé un homme ordinaire. Il leur resta supérieur. Il les domina, loin de s'en laisser dominer, et elles ne lui firent délaisser ni les études sérieuses ni les travaux littéraires ; il menait tout de front ; il suffisait à tout. Il trouva même là une heureuse occasion d'approfondir les matières théologiques plus qu'on ne peut le faire sur les bancs de l'école. Il étudia le droit canon, la discipline de l'Eglise, et se tint au courant de toutes les questions qui s'agitaient à cette époque. Aussi, nommé à la chaire d'histoire ecclésiastique de la Faculté de théologie d'Aix, par ordonnance royale du 25 avril 1838, fut-il tout prêt et réalisa-t-il toutes les espérances qu'on avait conçues de son talent. Il ne voulut pas y monter, toutefois, sans présenter des titres légitimes, et il se hâta de prendre, le 5 septembre suivant, son grade de docteur. « Son cours, nous dit un de ses amis d'enfance, qui a toujours vécu avec lui dans le commerce le plus intime, son cours, qui fut très-remarqué, se distinguait par une doctrine toujours saine, un savoir très-étendu, des vues élevées et ingénieuses, une parole claire, facile, élégante (1). » Quoique faites dans une des salles du grand séminaire, les leçons du nouveau professeur furent suivies avec beaucoup d'assiduité. Prêtres et gens du monde s'y pressaient à l'envi, et ceux qui n'avaient pas le bonheur d'y assister se disputaient les fragments qui en étaient de temps en temps livrés à l'impression.

Empruntons encore à l'écrivain que nous venons de citer et qui est un juge si compétent, l'analyse qu'il fait du talent de son ami : « M. l'abbé Sibour, dit-il, soignait tout ce qu'il disait et tout ce qu'il écrivait. Littéraire dans ses goûts comme dans sa forme, il était sensible au style, tenait en grand honneur l'art d'écrire, et, tout en rendant hommage aux généreuses tentatives de l'imagination contemporaine, il réservait ses prédilections pour le vrai beau, le vrai talent, la vraie langue française. Ces habitudes de bonne littérature, il les gardait dans tous ses travaux, soit qu'il explorât le IVe siècle, dont il avait fait une étude particulière, soit qu'il écrivît des articles de critique ou traitât des questions se rattachant à la marche et au travail de notre époque. »

C'est au moment de son cours, ou peu de temps après, que M. l'abbé Sibour, de concert avec quelques amis, animés du même amour, du même feu que lui pour le progrès, fonda l'*Institut religieux, historique et littéraire d'Aix*, et une Revue mensuelle destinée à en recueillir et publier les travaux. Il fut l'organisateur, l'âme, le soutien de cette société et de ce recueil, qui prospérèrent tant qu'il resta sur les lieux, et qui ont laissé plus d'une trace utile et glorieuse.

(1) L'*Union*, du 30 novembre 1864.

Nous n'avons point oublié, pour notre part, le vif intérêt avec lequel nous suivions ces publications. M. l'abbé Sibour était toujours le premier à payer de sa personne, et le nombre d'articles qu'il donna soit dans les *Annales religieuses, philosophiques et littéraires* (c'était le nom de la Revue), soit dans d'autres feuilles du Midi, est véritablement extraordinaire. Espérons qu'une main fidèle fera, quelque jour, un choix dans ces travaux d'alors, dont plusieurs méritent d'être conservés, ainsi que dans ceux qui ont été publiés depuis, ou sont encore inédits, et les sauvera d'un oubli qui ne doit pas les atteindre.

On croira sans peine que la vieille Académie d'agriculture, arts, sciences et belles-lettres d'Aix, voulut l'avoir aussi parmi ses membres, et l'élut, deux ans de suite, son président.

La docte assemblée a gardé et gardera longtemps le souvenir des lectures variées qu'il y fit et des discours qu'il y prononça.

Pendant que notre ami se livrait à ces incessants labeurs, pendant qu'il imprimait ce mouvement à une ville qui avait toujours aimé l'étude, et dont il était un des prêtres les plus aimés et les plus brillants, son parent, M. l'abbé Dominique-Auguste Sibour, chanoine et vicaire général à Nîmes, vint prêcher à Aix, à la Madeleine, la station du Carême. Ils s'étaient peu vus jusque-là. Ils se connaissaient pourtant de réputation, et ils avaient l'un pour l'autre non-seulement cette affection qu'inspirent naturellement les liens du sang, mais encore une estime et une admiration bien légitimes. Ils se connurent mieux durant cette station et il se forma entre eux une union qui devait être indissoluble et devenir chaque jour plus intime.

Le vénérable Mgr Miollis, évêque de Digne, ayant, à la fin de 1838, donné sa démission, pour achever dans le recueillement et la retraite sa vie octogénaire, qui comptait trente-deux années d'épiscopat, le siége resta dix-huit mois vacant. Le Gouvernement y nomma d'abord Mgr Paysant, qui n'accepta point, à cause du climat, et fut transféré à l'évêché d'Angers. Mgr Sibour, de Nîmes, fut nommé à sa place, et vint prendre possession au commencement de 1840. Un de ses premiers actes fut de donner des lettres de grand vicaire à un cousin qui lui faisait tant d'honneur et de l'associer à tous ses projets. Le professeur d'histoire ecclésiastique ne quitta pour cela ni sa chaire ni sa résidence; mais il fit de fréquents voyages à Digne. Il y venait ordinairement passer ses vacances de Pâques et d'automne; c'était pour la petite cité un vrai temps de joie et de fête. M. l'abbé Sibour a raconté lui-même, dans des lettres aussi intéressantes que gracieuses, le charme de ces visites et les divers épisodes qui les marquèrent. Ces lettres mériteraient de prendre leur place à côté de celles que M. Poujoulat a insérées dans son *Histoire de saint Augustin*, et que l'abbé Sibour écrivit lors de la translation des reliques du grand docteur à Hippone, où il accompagna l'évêque de Digne. Il l'accompagna également en 1844, à Rome, où le prélat allait, selon le serment de son sacre, rendre compte de son administration. Le Souverain-Pontife Grégoire XVI les accueillit avec la plus grande affection et les combla tous les deux de distinctions et de bontés.

L'absence même ne séparait pas le vicaire général de l'évêque qui avait si bien su l'apprécier. Si les lieux les tenaient éloignés, leurs esprits et leurs cœurs rapprochaient les distances et n'étaient pas moins unis. Une correspondance active s'échangeait entre eux et les mettait sans cesse en communication de nouvelles, de pensées, de travaux.

Un jour (1er mai 1845) arrive à l'évêché cette lettre charmante: «Mon bien cher cousin, voici du nouveau: je suis nommé chevalier de la Légion d'honneur. Avant-hier au soir, comme j'allais finir mon cours, on vint de l'Académie m'annoncer cette nouvelle. Je n'y voulais pas croire et prétendais que c'était un poisson d'avril. Après mon cours, j'en reçus la nouvelle officielle.... Expliquez-moi comment cette faveur royale tombe sur moi ? Qui a pu déterminer M. de Salvandy à me proposer pour un honneur auquel j'étais si loin de m'attendre et que j'ai si peu mérité?... Une chose me fait de la peine en tout cela : c'est que mon doyen n'ait pas reçu cette distinction qui vient de m'être accordée ; il m'est pénible de me voir l'objet d'une pareille préférence. » L'énigme fut bientôt expliquée. Les Basses-Alpes avaient alors pour préfet un homme d'esprit et de cœur (1), un ami, un parent de M. le ministre de l'instruction publique, et qui faisait grand cas de M. l'abbé Sibour. Sans en parler à l'évêque, qui se serait bien gardé de rien demander, il le signala à M. de Salvandy, et M. de Salvandy lui sut gré de lui avoir offert l'occasion de reconnaître à la fois le mérite du professeur et du grand vicaire. Doux souvenirs, jours heureux et trop tôt évanouis !... Mais refoulons les sentiments qui s'élèvent du fond de notre cœur et poursuivons.

La révolution de 1848 éclate. Sur les instances de Mgr Guibert, alors évêque de Viviers, un autre de ses plus anciens et plus constants amis, M. l'abbé Sibour accepte une candidature à l'Assemblée Constituante dans le département de l'Ardèche, et y obtient une imposante majorité. Il vient à Paris siéger dans cette enceinte tumultueuse où tant de débats allaient se succéder. Il ne tarda pas à y être remarqué et surtout à se faire aimer pour la modération de son caractère et la droiture de ses intentions. Mais il n'était point fait pour un monde si orageux, et c'est là que sa belle santé reçut ses premières atteintes. L'invasion de l'Assemblée et les terribles journées de juin lui donnèrent

(1) M. de Vidaillan.

une secousse, un ébranlement dont elle ne devait plus se relever (1).

On sait le reste. La mort héroïque de Mgr Affre, son remplacement par l'évêque de Digne, et la part que M. l'abbé Sibour fut appelé à prendre au gouvernement du diocèse de Paris. Nous ne redirons point les *belles* et *nobles qualités* qu'il y porta, ni les *sentiments qu'il inspira à tous*. Une voix bien autrement autorisée que la nôtre (2) les a proclamés en un langage qui a ému tous les cœurs. Voici seulement ce que nous nous permettrons de dire, et ce qui nous semble nécessaire pour compléter le tableau des services que M. l'abbé Sibour a rendus à l'Eglise de Paris comme archidiacre, comme curé de Saint-Thomas-d'Aquin et comme évêque auxiliaire. De grandes choses ont été certainement faites sous l'archevêque qui vint s'asseoir sur le trône sanglant de saint Denis, au sortir d'une lutte fratricide qui avait soulevé les plus redoutables problèmes ; des œuvres importantes et qui dureront ont été fondées : examen pour les jeunes prêtres; cas moral; extension des communautés et institutions religieuses ; conférence pour les sourds-muets ; développements de l'Ecole ecclésiastique et laïque des Carmes ; œuvre des Ecoles paroissiales ; établissement de l'Adoration perpétuelle de jour et de nuit; chapelains de Sainte-Geneviève; prébendes de retraite à Notre-Dame ; introduction de la liturgie romaine à Saint-Eugène, et surtout cette création de neuf nouvelles paroisses, qui a transformé des quartiers tout entiers de Paris, le plus grand bienfait dont cette immense capitale pût être dotée, bienfait dont l'avenir fera de plus

(1) Dans ces jours néfastes, M. Sibour ne se contenta pas de rester ferme à son poste : il se transporta avec plusieurs autres députés, sur le théâtre du combat, pendant que le lugubre canon grondait encore. Il eut même la consolation de donner, au faubourg Saint-Antoine, le secours de son ministère à un de ses honorables collègues, M. Charbonnel, qui venait d'être frappé.

(2) Lettre-circulaire de Mgr l'Archevêque de Paris. Voir à la fin, page 24.

**

en plus sentir le prix. Eh bien ! personne ne se montra plus sympathique, plus favorable à toutes ces fondations que Mgr de Tripoli. Personne ne seconda mieux ceux de ses collègues qui y travaillaient avec lui, et n'eut envers eux plus de prévenances et de cordialité. De même qu'il avait vivement applaudi et contribué, à Digne, à la publication du livre des *Institutions diocésaines*, qui furent une intelligente et courageuse réponse aux controverses du moment; de même, à Paris, toute réforme nécessaire, toute amélioration utile et sage pouvait compter sur son initiative ou sur sa coopération. Le vrai mérite n'échappait pas longtemps à sa perspicacité, et il était toujours un des premiers à le mettre en lumière et à le soutenir. Les œuvres charitables ne trouvaient nulle part plus d'appui et d'encouragement. Il avait de nobles aspirations, une tendance naturelle pour tout ce qui est grand, tout ce qui est beau, tout ce qui est bien. Personne, enfin, ne se mit avec un dévouement plus réel, une plus complète abnégation, un plus grand oubli de soi-même à la disposition de l'infatigable pontife qui brûlait d'une si vive ardeur, d'un zèle si sincère pour tout ce qui lui paraissait dans l'intérêt de l'Eglise et de l'avancement de son diocèse. Hélas ! c'est cette abnégation, ce dévouement qui sont venus interrompre avant le temps une carrière qui pouvait être encore si féconde !

En effet, lorsque les premiers symptômes de la maladie qui devait le conduire prématurément à la tombe forcèrent Mgr l'archevêque à le retirer de l'administration et à le donner pour successeur, dans la paroisse de Saint-Thomas-d'Aquin, au respectable M. de la Tour, sa santé ne tarda pas à s'améliorer. Il était heureux dans cette nouvelle position : ses prêtres le regardaient comme un père et un ami ; les pauvres bénissaient sa simplicité et sa charité, et les riches, sa distinction, sa douceur, sa politesse sans affectation et la noble élévation de ses sentiments. Nous ne craignons point d'être démentis en disant que tous ses paroissiens l'ont vu partir avec regret et vénèrent aujourd'hui sa mémoire. Pour lui, il comprit très-bien, quand, à Rome, où il s'était rendu avec l'archevêque pour assister à la promulgation du dogme de l'Immaculée-Conception, le ministre de France, l'archevêque et le Pape lui-même se réunirent pour lui faire accepter l'épiscopat, afin d'aider le premier pasteur de l'Église de Paris à porter son accablant fardeau, il comprit très-bien qu'il abrégerait ainsi des jours chers à sa famille, et succomberait bientôt à la peine. Mais son dévouement pour Monseigneur ne savait plus rien refuser. Il alla à l'autel comme une victime parée pour le sacrifice et voyant déjà le fer qui va la frapper (1).

II.

Préconisé évêque de Tripoli en Syrie dans le consistoire du 21 décembre 1854, et sacré le 7 janvier, dans l'église de la Trinité-du-Mont, par S. Ém. le cardinal Patrizi, vicaire de Sa Sainteté, assisté de Mgr l'archevêque de Paris et de Mgr Dupanloup, évêque d'Orléans, le nouveau prélat revint de Rome plein de courage et soumis d'avance à tout ce que Dieu voudrait faire de lui. Il rentra dans Paris conduit par le premier pasteur lui même, présenté et accueilli dans le diocèse comme un *autre Timothée*, comme *un frère qui vient aider son frère et former avec lui un inexpugnable rempart à la cité*, ainsi que le porte

(1) Nous avons encore présente une lettre qu'il nous écrivit alors et qui nous remplit des plus tristes pressentiments. Aussi, au lieu de nous réjouir de cette promotion, nous baissâmes la tête et adorâmes en silence les impénétrables secrets d'en-haut.

la touchante devise inscrite sur ses armes : ***Frater qui à fratre adjuvatur, civitas firma****....* A leur côté marchait cet autre compagnon de leur voyage, appelé à être un jour l'héritier de leur charge comme de leur zèle et de leurs travaux, et qui, dans ce voyage même, faisait un nouveau pas vers ses futures destinées, en recevant, à Rome, un titre prélatice et, au retour à Paris, celui de vicaire général, archidiacre de Saint-Denis.

On se remit généreusement à l'œuvre de part et d'autre; mais l'année ne s'était pas renouvelée deux fois que les jours de l'épreuve se révélèrent pour chacun de nous avec les lueurs les plus sinistres. Le 28 novembre 1856, Mgr de Tripoli était frappé d'une paralysie qui lui enlevait la moitié de son corps et ne laissait plus subsister qu'un débris impuissant et douloureux. Durant plusieurs jours les alarmes furent bien vives ; on redoutait une mort imminente et prochaine. Nous n'étions point à Paris dans ces jours d'angoisse. Nous accourûmes au bruit de la catastrophe ; nous trouvâmes l'archevêque en proie à un profond chagrin. Rien ne le consolait. Néanmoins, le mal s'étant arrêté tout à coup, et la science annonçant que Mgr de Tripoli pouvait vivre encore ainsi plusieurs années, l'archevêque se rassura, et le calme et l'espérance commencèrent à renaître dans son âme désolée. Il remerciait même le Ciel de ce qu'il le lui laissait dans cet état. « Si son action nous manque à l'avenir, disait-il, nous aurons toujours ses précieux conseils et son incomparable affection. » Le malade conservait, en effet, toute la vie de son intelligence et de son cœur. Il n'avait plus l'usage que d'une partie de ses membres ; sa langue restait enchaînée ou n'articulait, la plupart du temps, que des sons inintelligibles; mais il exprimait sa pensée par des signes ou l'écrivait de la main qui était libre. Qui aurait pensé que l'infortuné archevêque périrait le premier et périrait d'une façon si lamentable ! O profondeur des mystères de Dieu ! ô incompréhensibilité de ses desseins sur les hommes !

Ce coup devait finir d'éteindre en Mgr de Tripoli l'étincelle de vie qui lui restait encore. Il la ranima, et le malade se montra sublime de foi, d'humilité, d'abandon, et pendant les huit années qu'il a encore vécu, ces sentiments n'ont pas subi la plus légère altération. Que de fois nous l'avons entendu s'écrier qu'il devait bien des actions de grâce au Seigneur de ce qu'il l'arrachait du milieu des grandeurs, où il se serait peut-être perdu, et lui avait envoyé la souffrance, par laquelle il pourrait plus facilement se sanctifier et se sauver. Non, digne et vénéré prélat, non, vous ne vous seriez point perdu dans les grandeurs et les dignités de la terre. Vous n'y avez jamais attaché votre cœur. Jamais l'ambition n'eut d'accès dans votre âme. Vous auriez, au contraire, continué à faire le bien que vous avez fait partout. Votre sagesse, votre esprit de conciliation et de paix, et ce tact merveilleux que Dieu vous avait donné pour manier les hommes, désarmer leurs haines, gagner leurs cœurs, vous rendaient éminemment propre à gouverner dans les jours troublés et difficiles où nous vivons. Vous auriez glorieusement gardé votre rang dans cet épiscopat français qui a forcé l'estime de ses adversaires et conquis leur admiration. Avec quelle intrépidité, quelle énergie vous eussiez combattu avec lui pour le droit, la justice, la vérité Que dis-je, ne l'avez-vous pas fait ? Tout blessé à mort que vous étiez et emporté avant l'heure loin du camp de bataille, n'avez-vous pas pris une noble part dans les luttes et les travaux de vos vénérables collègues ? Quel événement s'est-il passé qui n'ait attiré votre attention et vous soit demeuré étranger ? Quel danger de l'Eglise, quel malheur de la Papauté vous a trouvé insensible et ne vous a fait tressaillir sur votre lit de douleur ? Quel appel de la charité, quelle œuvre de bienfaisance n'a aussitôt obtenu l'aumône de votre pauvreté et l'aumône de votre plume? Nous en attestons ces nombreuses et admirables lettres que vous avez écrites dans le cours de votre maladie, et où l'on ne sait ce qui doit le plus surprendre, de la chaleur de votre zèle apostolique, de la sérénité de votre pensée et de la limpidité de votre parole. Et encore ne parlons-nous ici que des lettres de Mgr de Tripoli qui sont connues et ont été rendues publiques; que serait-ce si nous parlions de celles que lui faisait chaque jour dicter son cœur et qui restent le secret de l'amitié! Toutes, elles respirent un calme, une jeunesse d'imagination, une fraîcheur d'idées, une variété. une grâce de style, et parfois même un fonds de gaîté douce et aimable qui navrent le cœur, quand on songe à la position de celui qui les dictait, au milieu des interruptions de la souffrance et des ruines de son corps (1).

Il est incontestable que si Mgr de Tripoli n'avait pas été frappé au milieu de sa course, il eût rendu bien des services encore à l'Eglise. Dieu ne l'a pas voulu. Le bien qu'il aurait accompli, d'autres l'ont fait ou le feront. Quant à lui, le divin Maître a préféré le faire passer, comme l'or, par le creuset des tribulations et de la douleur, afin de le purifier et le rendre plus digne de l'éternelle récompense.

Dès que S. Em. le pieux cardinal Morlot fut nommé à l'ar-

(1) Mgr de Tripoli avait encore commencé, depuis sa maladie, une *Vie* du respectable abbé Noailles, de Bordeaux, homme plein de zèle et de vertu, fondateur de la *Sainte-Famille*, des *Sœurs de l'Espérance*, de l'*Immaculée-Conception*, etc. La mort est venue l'interrompre, et il la laisse inachevée. En voyant cette étonnante activité morale dans un corps brisé, et cette entière possession de soi-même, on ne peut s'empêcher de songer à Augustin Thierry, cet autre malade, qui, malgré sa cécité et ses cruelles souffrances, n'avait pas non plus discontinué ses travaux; nul n'ignore qu'il était, dans ses dernières années, complétement revenu aux sentiments chrétiens; et il s'occupait, dit-on, d'une nouvelle édition de son *Histoire de la conquête de l'Angleterre par les Normands*, d'après les lumières qu'il avait puisées dans la *Défense de l'Église* du regrettable abbé Gorini, quand Dieu l'a tout à coup appelé devant son tribunal.

chevêché de Paris, Mgr Sibour s'empressa de lui demander de lui faire donner une retraite au chapitre de Saint-Denis. L'Empereur lui avait fait dire que son traitement d'évêque auxiliaire, qui était son unique ressource, lui serait maintenu ; mais il répugnait à recevoir un traitement pour des fonctions qu'il ne pouvait plus remplir. Il désira être déchargé de toute responsabilité et pouvoir aller mourir sous le ciel où il avait vu le jour. Il fut exaucé, et il se retira à Aix (en Provence), séjour de sa jeunesse, et qui devait avoir aussi sa dépouille mortelle.

On a remarqué avec raison que peu de personnes ont eu plus d'amis que Mgr de Tripoli, et des amis plus fidèles. Ils ont fait mentir le vieil adage : *Tempora si fuerint nubila, solus eris.* Les absents n'ont pas cessé de correspondre avec lui et de l'entourer de leur affection. Ceux qui étaient dans les mêmes lieux se sont constamment fait un bonheur d'aller le voir dans sa retraite et son état d'infirmité, comme ils faisaient lorsqu'il était l'ornement des sociétés d'Aix, de Marseille, de Digne, ou qu'il tenait si bien sa place dans les salons de l'archevêché de Paris. Et lui était toujours là, affaissé sous le mal, la tête douloureusement inclinée, mais la relevant de temps à autre avec une indéfinissable expression dans le regard, un gracieux sourire sur la bouche, mais toujours bon, modeste, affectueux, et d'une ardeur qui semblait augmenter en raison de la diminution de ses forces physiques. Il était également visité à Aix par tout ce qu'il y avait ou y passait de plus distingué. Mgr l'archevêque, en particulier, se plaisait à aller s'édifier auprès du vénérable prélat, et nous ne pouvons résister au besoin de citer les touchantes paroles qu'il a prononcées à ce sujet le jour de ses funérailles.

« Ce n'est que dans cet état de faiblesse et de cruelle maladie qu'il m'a été permis de connaître de mes yeux celui que mon cœur connaissait déjà par la réputation de ses œuvres. Mais le souvenir qui me demeurera toujours est un souvenir qui m'édifiera jusqu'à la dernière heure. J'ai vu comment un chrétien, un prêtre , un évêque surtout, doit savoir souffrir.

» Quelle foi dans sa résignation ! Quel calme dans ses souffrances, quelle piété dans les saints mystères célébrés chaque jour en sa présence ! Quelle activité de l'âme dans un corps paralysé ! Sa bouche ne peut s'exprimer : il trouve dans l'admirable dévouement de sa sœur un écho de ses pensées. Sa main ne peut plus écrire : il invente le moyen de la faire remplacer par la main de la religieuse qui veille à ses côtés, comme un ange que Dieu a envoyé pour soulager son agonie de tant d'années. Les œuvres de charité paraissent désormais lui être impossibles ; il les multiplie, non pas seulement en les secourant de ses aumônes, mais en leur donnant l'impulsion, et même en les créant. Qu'il me suffise de rappeler ce qu'il a fait en faveur de la basilique de Saint-Martin de Tours, et en faveur de l'Eglise de Tripoli, à laquelle il appartenait par son cœur bien plus que par son titre. Évêque, il a rempli jusqu'à la fin les fonctions d'évêque. En le voyant dans cet état d'infirmité donner encore à de jeunes et bien-aimés enfants le sacrement de la confirmation, on se représentait ces évêques, confesseurs de la foi, qui, avec leurs membres mutilés, administraient les derniers sacrements aux fidèles des premiers siècles, et en lisant ses réclamations écrites sur son lit de souffrances en faveur du Souverain-Pontife, on retrouvait quelque chose de la foi des martyrs , négligeant leur douleur au milieu des supplices pour confesser hautement leurs saintes croyances (1). »

Mgr d'Aix vient de parler de l'œuvre en faveur de l'Église de Tripoli. C'est celle que le vénérable défunt avait le

(1) Discours de Mgr l'archevêque d'Aix, page 28.

plus à cœur, et dont il s'est occupé jusqu'au dernier instant. Ses amis la regardent comme un legs sacré fait à leur amitié, et ils ne négligeront rien pour y faire honneur, assurés qu'ils trouveront partout concours et sympathie.

On se rappelle le Bref adressé à Mgr de Tripoli par Pie IX, le 14 mai 1862. C'est un des plus beaux titres de gloire de notre pieux évêque, et un des plus touchants monuments de la charité du Souverain-Pontife.

Que de choses nous resteraient encore à dire ! mais nous avons hâte de finir.

Dans ces derniers temps, Mgr de Tripoli avait pu venir tous les ans prendre les eaux de Bourbon-l'Archambaud, qu'on lui avait conseillées. Il venait de là à Paris pour voir, pendant quelques jours, ses amis et connaissances, et il allait enfin se reposer le plus longtemps qu'il pouvait à Tours, chez Mgr Guibert, dont la demeure lui était si douce et exerçait une si bonne influence sur sa santé. Il avait pu, cette année, faire encore ce doux voyage, et quoiqu'il fût évidemment plus fatigué que de coutume, ses amis ne croyaient point qu'il leur serait si tôt ravi, et qu'ils ne le reverraient plus.

Avant de prendre ses quartiers d'hiver à Aix, comme il disait, il désira profiter de l'offre hospitalière que lui faisait un de ses amis (1) d'aller passer encore un reste de belle saison à Antibes, dans une charmante campagne qu'il mettait entièrement à sa disposition. Il s'y rendit accompagné de son vieux père, vieillard de quatre-vingt-deux ans, de sa sœur, fidèle compagne de sa vie, et de la religieuse de l'Espérance qui ne le quittait pas et le soignait avec un si filial dévouement. C'est là que devait se terminer cette carrière de douleurs et d'épreuves et qu'il devait rendre son dernier soupir. Il y est mort, ou plutôt il s'y est doucement en-

(1) M. Bessat, avocat du barreau d'Aix.

dormi du sommeil des justes, le 18 novembre 1864, huit ans, presque jour pour jour, depuis le moment qui avait commencé son long martyre, et après avoir reçu tous les sacrements de l'Eglise avec une connaissance parfaite et la plus tendre piété.

A la première nouvelle de ce fatal événement, Mgr de Fréjus est accouru de Toulon à Antibes. L'évêque d'Evreux et celui de Cérame sont venus de Cannes se joindre à lui. De magnifiques obsèques ont été faites au vénéré prélat. Toute la population et toute la garnison y assistaient. Arrivés à la gare du chemin de fer qui devait emporter le corps à Aix, Mgr Jordany, se tournant vers l'assistance, lui a adressé, d'un accent attendri, une allocution qui l'a profondément impressionnée.

A Aix, la cérémonie des funérailles a eu plus d'éclat et de solennité encore. Mgr Chalandon les a présidées lui-même, et a retracé à grands traits, dans un émouvant discours, les œuvres et les services, le talent et les vertus, la vie et la mort de celui qui était l'objet de ces derniers et funèbres devoirs. Il a ensuite demandé et obtenu du Gouvernement l'autorisation spéciale de le faire inhumer dans sa cathédrale de Saint-Sauveur.

Voilà donc, ô noble défenseur de l'Eglise, ô digne évêque, ô saint et regrettable ami, voilà où nous irons dorénavant vous chercher avec nos larmes et nos prières. Voilà où vous reposerez, entouré de notre vénération et de notre amour, jusqu'au grand jour de la résurrection bienheureuse ! Reposez-y dans une inviolable paix, sous l'ombre de ces voûtes qui ont été témoins de vos premiers pas dans la carrière sacerdotale, au pied de ces autels où vous avez reçu tous les ordres, auprès des archevêques que vous vous glorifiez d'avoir servis. Reposez-y au milieu des débris de votre famille, si durement éprouvée, des compagnons de vos études et de la plus belle part de votre vie, sous la garde des plus honorables et des plus affectueux souvenirs !

Votre mort vient rouvrir d'anciennes blessures et en faire une nouvelle qui ne sera pas de longtemps cicatrisée ; elle ravive toutes nos douleurs, mais elle nous offre à tous, pour suprême et efficace consolation, un exemple de grandes vertus, un riche trésor d'œuvres et de mérites, et un nom qui vivra devant les hommes comme il vit devant Dieu ; car c'est bien de vous, ô doux, ô pieux, ô docte et bien-aimé prélat, qu'on peut dire en toute vérité : *In memoria æterna erit justus.*

DEDOUE.

Chanoine de l'Église de Paris.

Paris, ce 10 décembre 1864.

(*Le Monde.*)

LETTRE CIRCULAIRE

DE MGR L'ARCHEVÊQUE DE PARIS

A L'OCCASION

DE LA MORT DE MONSEIGNEUR DE TRIPOLI.

Paris, le 26 novembre 1864.

MONSIEUR LE CURÉ,

La mort vient de nous enlever, pour le rendre à Dieu, Monseigneur Sibour, évêque de Tripoli, précédemment vicaire général et évêque auxiliaire de Paris. Depuis huit ans déjà, sa santé n'était plus qu'une ruine; frappé d'un coup irrémédiable et traînant une existence souffrante et sans cesse menacée de finir, il nous tenait en quelque sorte préparés à la séparation qui déchire aujourd'hui notre cœur. Mais quoique prévue et redoutée, une telle perte n'en est pas moins sensible pour tous ceux qui ont connu l'ancien vicaire général de Paris et curé de Saint-Thomas d'Aquin. A ce titre, elle m'affecte douloureusement, parce que j'ai pris part avec lui durant plusieurs années, à l'administration de ce diocèse, et qu'ainsi j'ai pu mieux que d'autres apprécier les éminentes qualités de son esprit et de son cœur.

C'est donc un devoir pénible et triste que je remplis, Monsieur le Curé, en vous annonçant la mort du regrettable et cher évêque de Tripoli. Il a succombé loin de nous et sans que ses amis de Paris aient pu l'assurer, au moment suprême, qu'il continuerait d'avoir sa place dans leur souvenir et leurs prières. Mais s'ils n'ont pas la funèbre consolation de faire cortége à sa dépouille mortelle, ils accompagnent du moins son âme de leurs religieux suffrages et l'assistent devant Celui qui juge les justices mêmes. (*Psalm.* LXXIV, 3.) Ils veulent montrer ainsi quels sentiments d'estime et d'affection leur avait inspirés l'homme éminent qui fut, quelque temps, leur chef hiérarchique, c'est-à-dire leur père et leur ami.

Monseigneur l'évêque de Tripoli réunissait, en effet, toutes les belles et nobles qualités qui peuvent commander de tels sentiments. Son esprit ouvert et délié le rendait très-propre au maniement des affaires; sa sagacité et sa prudence donnaient une grande valeur à ses conseils. Son aménité lui conciliait promptement toutes les sympathies, et il avait dans le caractère une douceur et une bienveillance qui prévenaient les conflits ou les empêchaient de durer. Personne n'a rapporté de ses relations avec lui la plus légère amertume; personne n'a jamais rencontré dans cette âme distinguée que mansuétude, amour de la justice et bonté. Sa science et son expérience, il les a mises au service de sa paroisse et du diocèse avec un cœur plein d'affection, et son utile influence s'est fait sentir plus d'une fois dans les actes du pieux et bien-aimé archevêque dont il fut le conseiller et l'auxiliaire.

J'ai à peine besoin de rappeler le généreux esprit de foi et de piété qui animait monseigneur de Tripoli. C'est là qu'il a trouvé le secret de soutenir avec une résignation si exemplaire et si touchante l'épreuve de sa longue et cruelle maladie. En brisant son corps par un coup qui lui ôta la liberté de ses mouvements, Dieu lui avait laissé toute l'activité de son esprit et par conséquent toute la conscience de sa situation. Aussi le malade se rendait compte des événements qui intéressaient l'Église ; et de ses craintes et de ses espérances autant que de ses douleurs physiques, il se composait les trésors de mérites qui sont aujourd'hui sa récompense et sa félicité. Car il a tiré parti de ces maux passagers dont parle saint Paul, et qu'il nous montre comme l'occasion et l'élément d'une gloire éternelle (II *Corinth.*, IV, 17). A tous égards, mourir lui paraissait un gain (*Philipp.*, I, 21); néanmoins ce n'est que dans la mesure où le permet une soumission filiale à la volonté de la Providence, qu'il appelait de ses désirs le jour où son âme, affranchie des liens de la mortalité, pourrait se réunir à Jésus-Christ et entrer dans le repos de Dieu son créateur (*Philipp.*, I, 23 ; *Hébr.*, IV, 9).

Espérons, Monsieur le Curé, que cette mort, en nous ravissant un ami sur la terre, ne fait que nous assurer un protecteur de plus dans le ciel, et que sa vie pure et ses vertus l'ont déjà mis en possession de l'éternel bonheur. Cependant nous ne pouvons oublier ce qui est dit de la justice divine et de l'humaine fragilité ; aussi nous n'omettrons pas de prier pour monseigneur de Tripoli, au moment où il vient de passer à une autre vie, afin que, s'il lui reste encore quelque épreuve à subir, elle soit abrégée par notre prière et l'efficacité du saint sacrifice. Nous conjurerons le Prince des Pasteurs d'accueillir sans retard au sein de sa miséricorde celui qui nous a précédés dans la mort, et que nous irons rejoindre, un jour, dans la paix de la gloire de l'éternité.

A CES CAUSES, après en avoir conféré avec MM. du Chapitre métropolitain, j'ai réglé que, le mercredi 7 décembre, neuf heures précises, il serait célébré, à Notre-Dame, un service funèbre pour l'âme de monseigneur Léon Sibour, évêque de Tripoli, ancien vicaire général et évêque auxiliaire de Paris.

Je verrais avec satisfaction que bon nombre d'ecclésiastiques et de fidèles pussent assister à ce service solennel ; et à cette fin, Monsieur le Curé, vous voudrez bien donner lecture de la présente lettre à vos paroissiens dimanche prochain.

Je suis persuadé d'ailleurs que tous les prêtres du diocèse ne manqueront pas de porter à l'autel, avec le souvenir du vénérable évêque qui vient de nous quitter, le souvenir du pieux et doux archevêque que son nom rappelle et qui vit au fond de nos cœurs. Nous voudrons tous unir dans nos prières et dans nos regrets ces deux chères mémoires qui resteront en bénédiction parmi nous.

Agréez, Monsieur le Curé, l'assurance de mes meilleurs sentiments d'estime et d'affection dévouée.

† GEORGES, *Archevêque de Paris,*

Grand Aumônier de l'Empereur.

DISCOURS DE MGR CHALANDON

ARCHEVÊQUE D'AIX

AUX FUNÉRAILLES DE MONSEIGNEUR DE TRIPOLI.

A peine la tombe s'était-elle fermée sur notre cher et respectable doyen, qu'elle s'est subitement rouverte pour réclamer une nouvelle proie, et nous sommes condamnés à des regrets d'autant plus sensibles que celui qui nous es enlevé honorait le chapitre d'Aix, par l'affection qu'il portait à chacun de ses membres, plus encore que par la haute dignité dont il était revêtu. C'étaient surtout les liens du cœur qui l'attachaient à nous et qui nous attachaient à lui.

Mgr Sibour, né dans ce diocèse, élevé dans nos séminaires, chargé dans cette ville de diverses fonctions, a conquis sous nos yeux la haute position à laquelle il est arrivé. Il a tout dû à son ardeur pour le travail, à la douceur de ses manières, à l'esprit ecclésiastique qui ne s'est jamais démenti en lui.

Appelé successivement par Mgr de Bausset, Mgr de Richéry, Mgr Raillon et S. Em. le cardinal Bernet au travail du secrétariat de l'archevêché, il seconda heureusement les respectables vieillards auxquels était confiée alors la direction des intérêts matériels du diocèse; il recueillit leurs précieuses traditions, et put les remplacer dignement plus tard dans les soins si importants, mais aussi quelquefois si minutieux, que réclame la régularité administrative. Ce qui me paraît l'avoir particulièrement caractérisé, c'est son activité et son application au travail. En remplissant les devoirs assujétissants de secrétaire, il cultiva et approfondit la science ecclésiastique. Il se mit en état d'être admis d'abord au rang de docteur, ensuite à celui de professeur à la Faculté de théologie. Ses cours, riches de recherches et mis en rapport avec les besoins de notre époque, obtinrent un succès inaccoutumé, et on le vit, en même temps, livrer à l'impression quelques-unes de ses leçons, s'associer à des Revues religieuses par d'autres travaux, offrir au public, sous une forme littéraire, le fruit d'études sérieusement approfondies, et se montrer toujours prêt à défendre les saines doctrines par sa plume élégante non moins que par sa parole facile. Aussi ne m'étonné-je pas que le Gouvernement lui ait accordé la distinction, trop rare dans nos écoles, de faire partie de la Légion d'honneur, ou qu'il ait été appelé par de recommandables suffrages à présider, pendant deux ans, notre Académie. Ce qui m'étonne, c'est la variété des sujets qu'il traite dans le sein de cette société savante : l'agriculture, la géologie, l'histoire littéraire semblent lui être familières ; mais ainsi qu'il convient au prêtre, il n'aborde guère que sous le rapport religieux les graves questions qu'elles font naître, et, comme on l'a dit des philosophes chrétiens des premiers âges, s'il dépouille les autels d'Egypte, c'est pour orner les autels du vrai Dieu.

Dans ces publications malheureusement éphémères, qui n'ont pas le privilége d'être facilement retrouvées après des années, je lisais avec intérêt, il y a quelques mois à peine, les lettres écrites par lui sur le pèlerinage des évêques de France au tombeau de saint Augustin ; et, en traversant naguère la Méditerranée pour aller bénir Notre-Dame d'Afrique et assister aux derniers honneurs rendus aux dépouilles mortelles de Mgr Dupuch, je trompais les fatigues et les ennuis du voyage en m'impressionnant de ses propres impressions.

Les travaux de l'abbé Sibour, qui lui attiraient à Aix une juste considération, l'avaient fait connaître au dehors. Aussi, lorsqu'éclata la révolution de 1848 et que le peuple français fut appelé à se réunir dans ses comices pour se donner des représentants à l'Assemblée constituante, les catholiques de l'Ardèche réunirent-ils leurs suffrages sur notre compatriote, et des milliers de votes l'appelèrent à la noble mission de soutenir la grande cause de la religion et de l'ordre, et de raffermir sur ses bases la société ébranlée.

Ce mandat, il sut le remplir; mais bientôt devait se rouvrir, pour lui, la voie plus conforme à sa vocation et à ses goûts ecclésiastiques, dont les circonstances l'avaient un instant écarté.

Les événements se pressent devant moi; mais je me borne à indiquer son passage dans les conseils de l'archevêque de Paris et à la cure de Saint-Thomas-d'Aquin; le clergé a conservé le souvenir de ses relations faciles et affectueuses, les fidèles se rappellent son zèle et sa charité de pasteur. Aussi apprit-on sans surprise sa nomination au siége *in partibus* de Tripoli, et la mission qui lui fut donnée par le Pape de devenir l'auxiliaire du prélat dont il portait le nom, et qu'il avait particulièrement contribué à faire monter sur le siége de la capitale.

Il semblait que ce fût là pour Mgr Sibour le commencement d'une carrière heureuse, et que sa vie dût s'ouvrir, non pas seulement à de nouveaux honneurs, mais, ce qui est plus digne de l'ambition d'un évêque, à de nouveaux moyens de faire le bien. O vanité de la vie! ô néant des choses humaines! ô inconstance du bonheur d'ici-bas! C'était, au contraire, le terme des avantages à recueillir par lui sur la terre et le commencement des plus cruelles épreuves. Sa santé s'ébranle, des accidents fâcheux se succèdent et inquiètent ses amis, et au milieu même d'une crise que la médecine cherche vainement à combattre, il voit rapporter dans le palais qu'il habite le corps sanglant de l'archevêque assassiné. Son âme, fortement trempée, put supporter avec une résignation toute chrétienne le coup fatal; mais son corps abattu s'affaissa, et ne put plus se relever.

Hélas! ce n'est que dans cet état de faiblesse et de cruelle maladie qu'il m'a été permis à moi-même de connaître de mes yeux celui que mon cœur connaissait déjà par la réputation de ses œuvres ; mais le souvenir qui me demeurera toujours est un souvenir qui m'édifiera jusqu'à ma dernière heure. J'ai vu comment un chrétien, un prêtre, un évêque surtout doit savoir souffrir.

Quelle foi dans sa résignation, quel calme dans ses souffrances! Quelle piété dans les saints mystères célébrés chaque jour en sa présence! Quelle activité de l'âme dans un corps paralysé! Sa bouche ne peut s'exprimer; il trouve dans l'admirable dévouement de sa sœur un fidèle écho de ses pensées. Sa main ne peut plus écrire; il invente le moyen de la faire remplacer par la main de la religieuse qui veille à ses côtés, comme un ange que Dieu a envoyé pour soulager son agonie de tant d'années. Les œuvres de charité paraissent désormais lui être impossibles; il les multiplie, non pas seulement en les secourant par ses aumônes, mais en leur donnant l'impulsion, et même en les créant. Qu'il me suffise de rappeler ce qu'il a fait en faveur de la basilique de Saint-Martin-de-Tours, ou en faveur de l'Église de Tripoli, à laquelle il appartenait par le cœur bien plus encore que par son titre. Évêque, il a rempli jusqu'à la fin les fonctions d'évêque. En le voyant dans son état d'infirmité donner encore à de jeunes et bien-aimés enfants le sacrement de confirmation, on se représentait ces évêques confesseurs de la foi qui, avec leurs membres mutilés, administraient les sacrements aux fidèles des premiers siècles ; et en lisant ses réclamations écrites sur son lit de souffrance en faveur du Souverain-Pontife, on retrouvait quelque chose de la foi des martyrs négligeant leurs douleurs au milieu des supplices, pour professer hautement leurs saintes croyances.

La mémoire des justes reste après eux en éternelle bénédiction. Que la mémoire de Mgr Sibour soit donc à jamais bénie! Qu'elle soit bénie dans le ciel pour lui obtenir d'immortelles récompenses ! Qu'elle soit bénie sur la terre pour nous donner de beaux et précieux exemples ! Qu'elle nous prêche à tous l'activité dans le travail, le dévouement dans les œuvres, la résignation dans la douleur! En face de la mort, richesses, honneurs, talents, avantages de la vie présente, tout s'évanouit ; mais la foi que l'on a conservée, les bonnes œuvres que l'on a accomplies, les souffrances que l'on a acceptées avec courage, voilà ce qui demeure, et voilà ce qui, en face du triste cercueil déposé devant moi, fait ma consolation et mon espérance. Le digne évêque que nous pleurons est maintenant récompensé dans une vie meilleure, je l'espère ; mais si quelque faute encore reste à expier, prions, mes frères, avec toute la ferveur que peut inspirer une affection respectueuse et sincère, et que la paix éternelle descende sur lui ! *Amen.*

www.ingramcontent.com/pod-product-compliance
Ingram Content Group UK Ltd.
Pitfield, Milton Keynes, MK11 3LW, UK
UKHW020519180726
13839UKWH00005B/2184